INTERIMMANAGEMENT FÜR ANFÄNGER

Marcus Karl HAMAN, MSc

Der Unterschied zwischen Unternehmensberater und Interim Manager ist die Umsetzung und die Übernahme von Verantwortung

Marcus Karl Haman, MSc

Marcus Karl HAMAN, MSc

INTERIM MANAGEMENT

FÜR

ANFÄNGER

Bibliografische Information der Deutschen Nationalbibliothek:

Die Deutsche Nationalbibliothek verzeichnet diese Publikation in der Deutschen Nationalbibliografie; detaillierte bibliografische Daten sind im Internet über http://dnb.dnb.de abrufbar.

© 2022 Marcus Karl HAMAN, MSc

Illustration: **Marcus Karl HAMAN, MSc,**

canstockphoto.at

weitere Mitwirkende: **HCA-consulting GmbH**

Herstellung und Verlag:
BoD – Books on Demand,
Norderstedt

ISBN: 9783732233250

Inhaltsverzeichnis

EINLEITUNG 6

5 THEMEN FÜR DEN INTERIM MANAGER 12

    DIE 5 FRAGEN SIND: 13
    FRAGE 1: WOFÜR STEHT DER INTERIM MANAGER? 14
    FRAGE 2: WIE ARBEITET EIN INTERIM MANAGER? 28
    FRAGE 3: WIE GEHT EIN MANAGER AUF ZEIT VOR? 35
    FRAGE 4: WELCHE KOMPETENZEN / FÄHIGKEITEN BENÖTIGT EIN INTERIM MANAGER? 45
    FRAGE 5: WELCHE ARBEITSTHEMEN BEAUFSCHLÄGT DER MANAGER AUF ZEIT IN EINEM MANDAT? 56

WELCHE EINSATZGEBIETE GIBT ES FÜR EINEN INTERIM MANAGER? 64

WIE RECHNET SICH EIN MANAGER AUF ZEIT? 72

ENTLOHNUNG 81

WIE ERHALTE ICH MANDATE? 83

NOTIZEN 85

ABKÜRZUNGEN / LEGENDE: 86

WEITERE PUBLIKATIONEN 87

EINLEITUNG

Interim Management ist in vielen Wirtschaftsländern zu einem etablierten und anerkannten Werkzeug herangewachsen, um verschiedene Themenbereiche in einer Organisation abzudecken. Die Einsetzbarkeit eines Managers auf Zeit ist vielfältig und kann in heiklen, wie auch in täglichen Situationen eine gute Alternative, zu eigenen, internen Ressourcen, darstellen. Vor allem wenn Themen behandelt werden müssen, welche nicht im Portfolio der Kernkompetenzen des Unternehmens zu finden sind.

Vor allem in Krisenzeiten, wenn Stellen abgebaut werden und Interim Manager gefragt sind, versuchen viele Mitarbeiter, die auf der Suche nach einer neuen, beruflichen Herausforderung sind, sich in ein Interim Mandat zu „retten". Dies ist jedoch der falsche Ansatz. Interim Management ist keine „Rettungsinsel", auf der die Zuflucht vor der Arbeitslosigkeit gesucht werden sollte, denn die Herausforderungen eines Mandates verlangen einem Manager sehr viel ab. Interim Manager ist ein Beruf wie jeder andere, welcher als Berufung gesehen werden sollte und ebenso respektvoll zur Ausübung kommen sollte. Die Voraussetzungen sind wie ein Kochrezept zu sehen. Viel Erfahrung, umfangreiche Kompetenzen in verschiedenen Bereichen, Disziplinen und die Kenntnis was man kann und was nicht. Der Grund liegt darin, dass die Interim Welt sehr klein ist und jeder Fehler sofort erkannt und registriert wird.

Zu unterscheiden ist auch welche Art von Interim Management der einzelne anstrebt, beziehungsweise ausüben möchte. Einfache Urlaubsvertretungen auf Sachbearbeiter Ebene, die Königsdisziplin im C-Level, oder irgendetwas dazwischen. Aller Anfang ist schwer, auch in dieser Profession, doch Durchhaltevermögen und Zielstrebigkeit sind auch hier sehr gefragt und verlangt einiges vom Kandidaten ab.

Es benötigt schon einen gewissen Mut zur Veränderung, einen externen Manager zum ersten Mal in die eigene Organisation einzubinden, jedoch stellt sich in den meisten Fällen ein deutlicher Mehrwert durch das vergebene Mandat innerhalb der Organisation ein. Bei Konsultation eines Unternehmensberaters, sind die Bedenken etwas geringer, da dieser nicht in die Organisation eingebunden werden muss. Der Unternehmensberater hat in vielen Fällen nur mit dem Top Management Verbindung und steht für die Mannschaft eher im Schulungsbereich zur Verfügung. Somit ist die Hemmschwelle geringer, da der Unternehmensberater in der Regel keinen Zugriff auf firmeninterne Daten hat. Der Interim Manager hingegen hat, um seiner Profession auch Rechnung tragen zu können und Erfolge zu generieren, Zugang zu vielen Informationen und zu den Mitarbeitern. Jedoch setzt der Interim Manager auch um und tritt somit den Beweis seiner Lösungslandschaft an, beziehungsweise wird an den Erfolgen oder Misserfolgen der Umsetzung beurteilt. Selbstverständlich ist der Interim Manager durch Unterfertigung einer Vertraulichkeitsvereinbarung an die Schweigepflicht und dem Verbot der Informationsweitergabe vertraglich gebunden.

Ein Manager auf Zeit bringt einige Vorteile mit sich und spart in vielen Fällen, je nach Aufgabenstellung und Gebiet, seine durch das Mandat verursachten Kosten ein. In manchen Fällen auch vielfach, da der Manager auf Zeit mit seiner Außensicht und seiner Erfahrung, die ungenutzten Potentiale in einem Unternehmen erkennt. Ebenso erarbeitet der Interim Manager Lösungen, um vernünftige Einsparungen umzusetzen. So vielseitig das

Einsatzgebiet auch ist, so vielseitig sind auch die Interim Manager. In Deutschland kann, als Beispiel, jeder der sich dazu berufen fühlt, seine Arbeitskraft, als Interim Manager am umstrittenen Markt feilbieten. In Österreich, wiederum, muss der Interim Manager, welcher unter die Rubrik Unternehmensberater fällt, seine Profession anmelden und durch die Behörden zugelassen werden. Es handelt sich hierbei um ein geregeltes Gewerbe, welches durch die Behörden streng kontrolliert wird. Der Wunsch die Profession auszuüben reicht hier nicht aus. Es benötigt eine nachvollziehbare Ausbildung und eine Mindestanzahl an Jahren in der Praxis mit einschlägiger Ausrichtung, beziehungsweise Referenzschreiben größerer Unternehmen mit Leistungsbeschreibung, um den Gültigkeitscheck der Behörde positiv zu bestehen. Und wie in jedem Beruf gibt es eine gewaltige Streuung im Thema Befähigung und Kompetenz. Viele wollen den Beruf ausüben, jedoch fehlt die Kompetenz, um dies auch zu realisieren. Hier muss der Kunde leider herhalten und bei der Suche nach einem geeigneten Interim Manager Ausschau halten, um die Spreu vom Weizen zu trennen. Es gibt jedoch, am freien Arbeitsmarkt, sogenannte Provider, welche die

Vorauswahl der geeigneten Kandidaten gerne übernehmen. Jedoch gibt es auch hier Unterschiede. Jeder Provider führt in der Regel einen Interim Manager Pool, welcher eine Anzahl an Kandidaten beinhaltet. Jeder Interim Manager kann sich bei einem Interim Provider melden und um Aufnahme in den Pool ansuchen. Weniger gute Provider nehmen jeden Manager auf Zeit auf und kennen ihre Manager nur durch einen via E-Mail zugesendeten Lebenslauf. Vermitteln somit eine relativ unbekannte Person an einen Kunden. Gute Provider hingegen, kennen ihre Manager auf Zeit persönlich und wissen welcher Kandidat in welche Organisation passt, beziehungsweise die Fähigkeiten und Kompetenzen der einzelnen Manager.

Denn eines sei gesagt, nicht jeder Interim Manager passt in jedes Unternehmen oder zu jedem Mandat.

Was macht einen guten Interim Manager also aus? Welche Kompetenzen braucht ein Manager auf Zeit, um ein Mandat erfolgreich umsetzen zu können und somit einen Gewinn oder Mehrwert für den jeweiligen Kunden zu generieren?

Eine Frage, welche nicht mit einem Satz beantwortet werden kann. So individuell die einzelnen Mandatsanfragen sind, so kompliziert wird es, den richtigen Manager zu finden. Daher ist es wichtig den Interim Manager und dessen Fähigkeiten zu kennen und gezielt einzusetzen.

Es gibt im Wesentlichen 5 Themenbereiche, welche für den Kunden für die Entscheidung wichtig sind und immer wieder bei Erstgesprächen zum Teil zur Sprache kommen.

5 THEMEN FÜR DEN INTERIM MANAGER

Es gibt, abseits der Frage nach Erfahrung und wie viele Mandate der Manager schon erfolgreich umgesetzt hat, im Wesentlichen 5 Fragen, an denen ein guter Interim Manager nicht scheitert und dem Kunden die Gelegenheit bietet, den Manager auf Zeit etwas besser kennenzulernen. Auch wenn nichts über Erfahrung geht, Kompetenz und Kultur des Managers sind ebenso wichtige Faktoren am Weg zum Erfolg.

Der Anspruch der Fragen besteht auch darin, die Einsetzbarkeit und die Bereicherung der Organisation durch einen Interim Manager darzustellen.

Denn eines vorweg, der richtige Interim Manager kann einer Organisation einen beträchtlichen Mehrwert bringen.

DIE 5 FRAGEN SIND:

Wofür steht ein Interim Manager?

Welche Arbeitsthemen beaufschlagt der Interim Manager?

Wie arbeitet ein Manger auf Zeit?

Welche Kompetenzen benötigt ein Manager auf Zeit?

Wie geht ein Interim Manager vor?

FRAGE 1: WOFÜR STEHT DER INTERIM MANAGER?

Ein Manager auf Zeit verursacht beim Kunden im ersten Schritt Kosten. Der Kundenanspruch besteht darin, dass die angesprochenen Themen erfolgreich umgesetzt, beziehungsweise wahrgenommen werden, ohne Irritationen oder Unruhe innerhalb der Mannschaft im Unternehmen zu verursachen. Daher ist es wichtig einerseits Vertrauen in der Organisation aufzubauen und andererseits das Vertrauen mit Taten und Kompetenz zu untermauern.

Der „Fremdkörper" Interim Manager, wird innerhalb der gesamten Organisation wahrgenommen und alles was der Manager auf Zeit unternimmt, wird von der Mannschaft bewertet und diskutiert. Daher ist es speziell am Beginn jedes Mandats wichtig, die Vorgehensweise so anzupassen, dass es zu keiner Irritation und in Folge verbundenem Stillstand im Unternehmen kommt.

DER MANAGER AUF ZEIT SOLLTE 5 PUNKTE BEACHTEN:

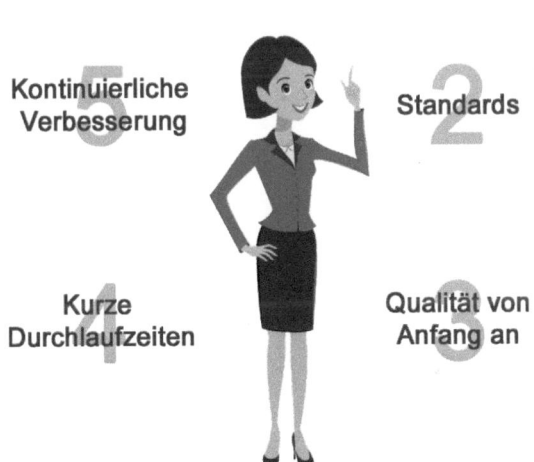

1. Einbeziehung aller Mitarbeiter

Die Einbeziehung aller Mitarbeiter verhindert in der Regel Unsicherheiten und wirkt Ängsten innerhalb der Mannschaft entgegen. Wenn Mitarbeiter über das Vorhaben an sich, die Veränderung nicht regelmäßig und pro aktiv informiert werden, entsteht einerseits eine Neidgesellschaft, da nur privilegierte Mitarbeiter an den „Geheimnissen" teilhaben dürfen und der „Rest" dumm sterben darf. Andererseits entstehen Ängste um den Arbeitsplatz und der mitverbundenen sozialen Sicherheit. Somit wird unbewusst das Sicherheitsdenken, welches jeder Mitarbeiter mit sich führt, verstärkt und andere Kapazitäten und Prioritäten werden als nicht mehr so wichtig eingestuft, beziehungsweise nach hinten verschoben. Das Sicherheitsdenken übernimmt das Kommando, Mitarbeiter verändern ihr Verhalten und bringen in der Regel eine geringere Leistung und unbewusst mehr Fehler. Somit wird eine negativ ausgerichtete Spirale in Gang gesetzt, welche nur mit viel Aufwand und Mühe gestoppt werden kann.
Die Gegenmaßnahme lautet hierzu alle Mitarbeiter pro aktiv einzubinden.

> Viele Projekte und Veränderungen scheitern an der Kommunikation und nicht an der Kompetenz der Mitarbeiter.

Doch wie stellt der Interim Manager die Einbeziehung aller Mitarbeiter sicher?

Der Manager auf Zeit sollte mit seiner Fähigkeit der Anpassung, dem Leitbild des Unternehmens folgen können und damit seine Maßnahmen der Vision und den Werten der Kundenorganisation Rechnung tragen, sofern diese noch zulässig ist. Somit werden Mitarbeiter nicht noch mehr irritiert und finden sich in den bekannten Themen wieder.

Ebenso ist es wichtig die erste Priorität, der Mitarbeiter selbst, in den Vordergrund zu stellen, indem der Interim Manager sehr großen Wert auf Arbeitssicherheit und Umwelt legt. Ein sicherer Arbeitsplatz und die Sicherstellung, dass alle Mitarbeiter mindestens so gesund das Unternehmen verlassen, wie sie es betreten haben, ist essentiell und wird in der Organisation wahrgenommen.

Neben der offenen Kommunikation und dem Vorleben des Team Konzepts sind, bei entsprechenden Leistungen und Ergebnissen, die Anerkennung derer vom hohen Stellenwert für den Mitarbeiter. Wer möchte nicht für seine erbrachte Leistung gelobt und Wert geschätzt werden. Der letzte Punkt ist für den Mitarbeiter am Shopfloor, jedoch auch in anderen Bereichen des Unternehmens sehr wichtig – die Anwesenheit „vor Ort". Der Manager auf Zeit muss Präsenz zeigen und vor Ort unterstützen. Er muss gesehen werden um die „Leiden" und Bedürfnisse der Organisation im Kerngeschäft auch aktiv wahrzunehmen.

2. Standards

Standards sind wesentliche Bestandteile bei der Ausübung eines Mandats. Das bedeutet jedoch nicht, dass der Interim Manager ein neues Mandat übernimmt und seine starren Methoden und Systeme einsetzt, da diese in einem anderen Projekt zum Erfolg führten. Der Manager auf Zeit nimmt auf seine Reise in ein Mandat einen Werkzeugkoffer gefüllt mit Methoden und Systeme mit, welche er mit Erfahrung, jedoch an das Unternehmen adaptiert und individuell den Bedürfnissen des Mandats anpasst. Auch passen nicht alle Methoden, Systeme und Standards in jede Organisation. Der Interim Manager muss sensibel mit seiner Erfahrung und Kompetenz abwägen, welche Werkzeuge und Standards er einsetzen kann. Ebenso darf der Manager auf Zeit, nicht den Symptomen hinterherjagen. Vielmehr muss der Manager sich auf die wahren Ursachen und deren Bekämpfung konzentrieren. Der Manager auf Zeit analysiert und setzt Standards ein, welche das Unternehmen weiterbringt und dadurch einen Mehrwert erfährt. Die Vorteile liegen hier auf der Hand. Durch Standards

werden die Einschulungsphasen am Arbeitsplatz enorm verkürzt, beziehungsweise Fehlerkosten wesentlich reduziert.
Mittels Standardisierung, wie zum Beispiel Fehlerlisten an Team Info Tafeln am Shopfloor, werden Potentiale im Bereich Prozesse und Einsparungen klar sichtbar.

Standards wie zum Beispiel SABs (Standardisierte Arbeitsblatt), standardisierte Arbeitsplatzbeschreibungen, Formulare, Kennzahlen, Maßnahmenpläne, und vieles mehr, helfen der Organisation transparenter zu werden und Fehler sichtbarer zu gestalten, welche wiederum mit voller Unterstützung aller Beteiligten effizient und effektiv minimiert werden können.
Im Wesentlichen stehen im Thema eine Vielzahl an Instrumenten und Themengebiete zur Verbesserung der Organisation in einem Mandat zur Verfügung. Themen wie die Arbeitsplatzorganisation, das Taktzeitmanagement, das standardisierte Arbeiten und das visuelle Management.

3. Qualität von Anfang an

Qualität ist nicht nur auf Produkte bezogen und anwendbar. Vielmehr und im speziellen bei Interim Mandaten kommt es auf die Qualität des Handelns und der Umsetzung, beziehungsweise der Vorgehensweise und des Agierens im Mandat innerhalb der Kunden Organisation an. Früher wurde es „Handschlags Qualität" genannt, um mündliche Vereinbarungen und Absprachen einzuhalten. Heutzutage werden Verträge zur Besiegelung erarbeitet und unterfertigt. Der Auslöser in einem Mandat ist in vielen Fällen eine heikle Situation. Umso deutlicher wird der Anspruch „qualitativ" in der Organisation einzuwirken. Vereinbarungen einzuhalten, vorbildhafte Vorgehensweisen zu praktizieren und die Arbeitsweise dem Unternehmen anzupassen. Die Fähigkeit der Integration ist ebenso für den Erfolg entscheidend und darf nicht mit einem „Kuschelkurs" verwechselt werden. Interim Mandate haben in vielen Fällen Veränderungswünsche des Top Managements als Inhalt. Unangenehme Situationen und Entscheidungen müssen in einem Mandat exekutiert, beziehungsweise umgesetzt werden. Der Manager auf Zeit ist, vor allem am Anfang, für die Mannschaft ein Störfaktor und stellt in den Augen der Mitarbeiter eine Gefahr dar. Somit verhalten sich Teammitglieder vielleicht nicht sehr offen und halten sich mit der Weitergabe von Informationen eher bedeckt. Hier gilt es Feingefühl, jedoch auch Durchsetzungsstärke zu beweisen und die Mannschaft an „Board" zu holen. Die Qualität des Handelns ist hier ein wesentlicher Faktor. Geradlinigkeit und Vorbildwirkung hilft in den meisten Fällen, um Boden gut zu machen am steinigen Weg, Respekt innerhalb der Organisation verliehen zu bekommen.

Die Kunst durch Taten und nicht nur durch Worte zu überzeugen, ohne dass die Mannschaft wegbricht und Chaos entsteht ist der Anspruch an einem Interim Manager.

Themenbereiche, welche der Manager auf Zeit für Verbesserungen und Zielerreichung nutzen kann, sind zum Beispiel:

- Qualitätsstandards für Produkte
- Validierung der Fertigungsprozesse

- Prozessüberwachung und Kontrolle
- Qualitätsrückmeldesystem entlang der gesamten Lieferkette und
- Das Qualitätsmanagementsystem

4. Kurze Durchlaufzeiten

Bei kurzen Durchlaufzeiten denkt der Produktionsmensch sofort an die Teilefertigung, jedoch gibt es ebenso bei Interim Mandaten den Anspruch einer kurzen Durchlaufzeit. Einerseits betreffend der Laufzeit des Mandats und andererseits bei der Abarbeitung der Aufgaben und zugesagten Verpflichtungen des Interim Managers. Jedes Mandat verursacht Kosten und stellt auf den ersten Blick eine Belastung des Budgets dar. Daher ist die Organisation des Kunden bemüht das Mandat so kurz wie möglich anzusetzen. Diese Sichtweise ändert sich mit der Anzahl gefundener und analysierter Einsparungspotentiale durch den Manager auf Zeit, sofern das Top Management entscheidet diese Potentiale auch wahr zu nehmen.

In vielen Fällen, wenn der Interim Manager seine Aufgaben wahrnimmt Einsparungen ausarbeitet und erfolgreich umsetzt, erkennt der Kunde den Mehrwert durch den Interim Manager und verlängert das Mandat von sich aus, da der Kunde erkennt, dass sich der Einsatz rechnet.

Die Möglichkeiten des Interim Managers Einsparungen im Thema kurze Durchlaufzeiten für den Kunden zu generieren sind mannigfaltig. Es sind Themen wie die folgenden, welche der Interim Manager in einem Mandat „unter die Lupe" nehmen kann.

- Einfacher Materialfluss
- Kleine Verpackungsgrößen
- Feste Bestellzyklen
- Gesteuerter externer Transport
- Geplanter Materialversand und Eingang
- Temporäre Materiallager
- Bedarfsorientierte Materialanlieferung (Pull System)
- Gleichmäßiges Programm
- Logistikmanagementsystem

Es ist jedoch zu achten, dass Mehrfrontenkriege zur Bekämpfung von Verschwendung nicht sinnvoll sind und die Organisation zerbrechen kann, beziehungsweise die Mannschaft nicht mehr folgen kann. Ein Thema nach dem anderen aufzunehmen und abzuarbeiten ist effektiver.

5. Kontinuierliche Verbesserung

Der KVP Gedanke ist kein neuer, jedoch sollte dieser auch bei jedem Mandat berücksichtigt werden. Hier geht es um die Nachhaltigkeit der eingeleiteten oder umgesetzten Maßnahmen des Managers auf Zeit. Vor allem wenn dieser das Mandat verlässt, darf kein Vakuum entstehen, beziehungsweise eine Lücke hinterlassen werden. Kontinuierliche Verbesserung und Weiterentwicklung des Unternehmens in ganzheitlicher Sicht, ist essentiell und muss dementsprechend behandelt oder beaufschlagt werden. Hierzu gehört auch die Wissensweitergabe und eine Grundausbildung zum Thema KVP (kontinuierlicher Verbesserungsprozess) an die Mitarbeiter, sollte die Organisation noch keine KVP Strategie implementiert haben. Der Interim Manager hat also die Aufgabe das Unternehmen, mit vollem Beistand des Top Managements (Kunden), in Richtung stetige Weiterentwicklung und Verbesserung in allen Bereichen auszurichten.
Doch welche Themen kann der Manager auf Zeit mit der Organisation im Bereich KVP in Angriff nehmen?

Themenbereiche wie strukturierte Problemlösung, Business Plan Deployment (Kennzahlensystem und Fahrpläne der Organisation), schlankes Design für Anlagen, Einrichtungen, Werkzeuge und Layout, sowie eine vorbeugende Instandhaltung (TPM) und der KVP als Prozess und Projektabwicklung, sind mächtige Aufgabengebiete, welche vom Interim Manager beaufschlagt werden können.

FRAGE 2: WIE ARBEITET EIN INTERIM MANAGER?

Durch den in vielen Mandaten vorherrschenden Zeitdruck die vereinbarten Ziele zu erreichen, sollte der erfahrene Interim Manager folgende 5 Arbeitsweisen anwenden:

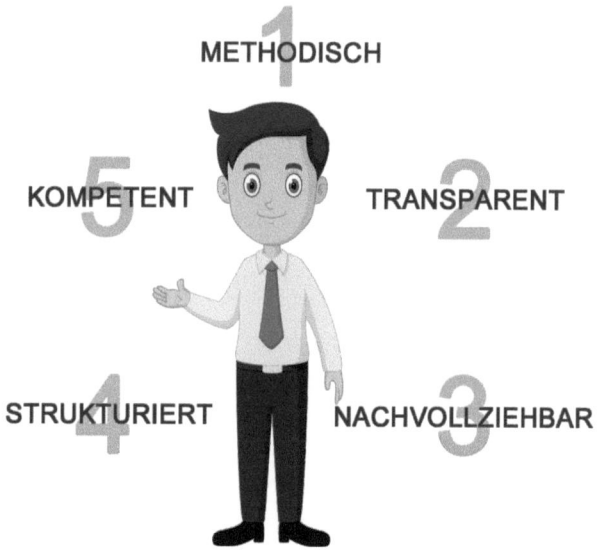

1. Methodisch

Der Vorteil eines Interim Managers ist, dass er sehr viel Erfahrung mit Methoden und Systemen mitbringt, jedoch auch über die Fähigkeit der Wissensweitergabe und der effizienten Implementierung verfügt. Methodisches Vorgehen ist bei effizienter Umsetzung der Maßnahmen und Veränderungsschritte unabdingbar, um den Erfolg für den Kunden sicherstellen zu können.

Es sind keine neu erfundenen, vielmehr lang erprobte Methoden, welche zum Teil an die jeweilige Situation und Organisation angepasst werden müssen.

Methoden wie zum Beispiel:

- 6S
- 7 Arten der Verschwendung
- Containment
- VSM - Wertstromanalyse
- TOC – Theorie der Abhängigkeiten
- und vieles mehr

2. Transparent

Transparentes Arbeiten birgt zweierlei Aspekte in sich. Einerseits wird die Arbeitsweise für alle sichtbar, und Probleme, bzw. Fehler werden sofort von allen Beteiligten erkannt und wahrgenommen. Somit steht der Interim Manager, als auch der betroffene Bereich am Anfang unter Druck und muss doch einiges an Kritik aushalten. Auch ist es innerhalb der Organisation vielleicht nicht immer von allen Beteiligten oder betroffenen Mitarbeiter gewünscht alles transparent darzustellen. Transparentes Agieren im Mandat sichert jedoch eine erhöhte Geschwindigkeit der Umsetzung. Wenn Probleme offen „auf den Tisch" kommen, kann diese keiner wegdiskutieren und entsprechende Maßnahmen werden, für alle sichtbar, implementiert. Verantwortlichkeiten klar definiert und Termine vergeben. Somit ist jeder gefragt, seinen zugewiesenen und vereinbarten Teil zeitgerecht und vollständig abzuarbeiten. Auch die Unterstützung vom Top Management, falls notwendig, wird somit eingefordert und Entscheidungen müssen getroffen werden. Da diese Vereinbarungen in Form von Maßnahmen / Gegenmaßnahmen auch für jeden im

Unternehmen zugängig sind, diese werden in der Regel an einem Teamboard am Shopfloor ausgehängt, gibt es keine Gründe, diese nicht abzuarbeiten oder unabsichtlich zu vergessen. Sollten doch Gründe vorliegen, die gegen eine zeitgerechte Umsetzung sprechen, werden diese transparent kommuniziert und Gegenmaßnahmen hierzu eingeleitet.

3. Nachvollziehbar

Maßnahmen, welche nicht nachvollziehbar umgesetzt wurden, sind nicht existent.

Ein Problem ist nur dann gelöst und die Ursache gefunden, wenn das Problem gezielt ein und ausgeschaltet werden kann, wann und wie oft auch immer.

Die Voraussetzung hierfür ist jedoch die Nachvollziehbarkeit der Lösung.

Situationen, an denen etwas umgesetzt wurde, jedoch niemand weiß warum und wie, sind gefährlich, da die Situationen wieder eskalieren können und niemand das Wissen besitzt die Ursache effizient und sofort nachhaltig ab zu stellen.

4. Strukturiert

Der Interim Manager kennt seine Vorgehensweise und könnte sofort viele Maßnahmen umsetzen, jedoch nicht erfolgreich, da die Nachhaltigkeit in den wenigsten Fällen gegeben wäre. Es ist daher wichtig die Mannschaft „abzuholen" und auf den Weg der Umsetzung zu begleiten. Der Manager auf Zeit darf nicht von seinem Wissenstand ausgehen. Er muss eine Basis finden, ab der die Mannschaft dem Manager auf Zeit folgen kann. Strukturiertes Vorgehen ist hier erfolgsentscheidend. Je strukturierter und nachvollziehbarer die einzelnen Schritte des Interim Managers sind, desto eher wird Verständnis und Unterstützung in der Belegschaft des Unternehmens spürbar.

Strukturen vereinfachen komplexe Maßnahmen und Prozesse und können somit schneller und effektiver auf breiter Basis vermittelt werden.

5. Kompetent

Ohne Fachwissen wird eine Umsetzung der vereinbarten Kundenziele schwierig, jedoch ist Fachwissen nicht die einzige Kompetenz, welche der Manager auf Zeit mit in das jeweilige Mandat mitbringen sollte. Der Interim Manager muss in kürzester Zeit den Respekt und das Vertrauen der Mannschaft gewinnen können, da der Manager auf Zeit ansonsten Schwierigkeiten haben wird, erfolgreich sein Mandat zu beschreiten. Respekt und Vertrauen können nicht im Supermarkt der Interim Manager käuflich erworben, vielmehr müssen diese hart verdient werden. Durch Kompetenz, jedoch nicht mit Arroganz und Überheblichkeit überzeugen, ist ein sehr effektiver Weg. Gepaart mit sozialer Kompetenz und Gradlinigkeit, kann ein Team überzeugt werden an einen Strang zu ziehen und pro aktiv, beziehungsweise offen an die Veränderungsschritte heranzugehen und diese zu unterstützen.

FRAGE 3: WIE GEHT EIN MANAGER AUF ZEIT VOR?

Jedes Mandat benötigt ein Regelwerk, um die Anforderungen des Kunden und die vereinbarten Aufgaben des Interim Managers klar zu definieren. Ebenso gilt es eine nachvollziehbare und transparente Vorgehensweise zu implementieren, an der sich sowohl der Kunde als auch alle Beteiligten und vor allen die betroffenen Mitarbeiter der jeweiligen Organisation, orientieren können.

Die 5 Schritt Methode bietet eine solche Möglichkeit und wird in sehr vielen Fällen erfolgreich eingesetzt.

DIE 5 SCHRITTE SIND:

Schritt 1: ABGRENZUNG

Die Abgrenzung in einem Mandat ist für den Kunden als auch für den Interim Manager essentiell, da in einer Abgrenzung folgende Punkte klar definiert werden:
- Rollen & Verantwortlichkeiten (EDMI Chart)
- In scope / out of scope
- Budget (bei Investments)
- Mitwirkende
- Ziele / Zwischenziele
- Terminplan
- Ressourcenplan
- etc.

Verträge und Abgrenzungen / Vereinbarungen werden geschlossen, um Missverständnisse in der Kommunikation zu verhindern und die Erwartungshaltung des Kunden einerseits und die Befugnisse und Regeln des Interim Managers andererseits klar darzustellen.

Die Abgrenzung dient auch als Checkliste in einem Mandat um den Weg zum Erfolg, beziehungsweise das Ziel nicht aus den Augen zu verlieren.

Erfolg stellt sich dann ein, wenn der Kunde zumindest zufrieden ist, jedoch sollte eine Begeisterung vom Mandatsnehmer angestrebt.

Schritt 2: ANALYSE

In der Analyse werden die Erkenntnisse des Interim Managers transparent auf den „Tisch" gelegt. Durch die transparente Arbeitsweise wird das Mandat gläsern und angreifbar, jedoch bewirkt es auf der anderen Seite die Möglichkeit der vollen Unterstützung der gesamten Mannschaft, inklusive des Top Managements, innerhalb der Organisation die Potentiale auch zu nutzen um die Marktposition zu verstärken. Manche Entscheidungsträger oder Führungskräfte sind, da es sich um ihren Verantwortungsbereich handelt, vielleicht nicht so begeistert alles transparent zu machen. Gute Führungskräfte nehmen diese Möglichkeit war, die ungenutzten Potentiale für die Weiterentwicklung wahrzunehmen. Der Erfolg bleibt bei der Führungskraft, denn der Manager auf Zeit, verlässt, wie der Name schon sagt, nach einer bestimmten Zeit das Unternehmen und die Führungskraft kann den Weg des Erfolges weiter vorantreiben.

Führungskräfte, welche transparentes Arbeiten zulassen, sind Sachmenschen und sollten voll unterstützt und bestärkt werden diesen Weg weiter zu gehen, wenn auch Taten der Umsetzung folgen.

Schritt 3: KONZEPTION

In der Konzeption werden die analysierten Zahlen, Daten und Fakten in Maßnahmen und detaillierte Zielvereinbarungen, welche mit klarer Verantwortlichkeit und Zeitschiene versehen werden, schriftlich festgehalten. Vorzugsweise in Maßnahmenpläne, welche in der Organisation ausgehängt werden, sollten diese keine sehr vertraulichen Daten und Maßnahmen beinhalten. Dieser Schritt nimmt sehr viel Zeit und Mühe in Anspruch, doch je exakter und definierter, beziehungsweise überlegter und detaillierter die Maßnahmenpakete sind, desto weniger Diskussionen, Verzögerungen und Überraschungen gibt es in der Umsetzungsphase.

Auch gehören sogenannte „Contingency Pläne" zur Konzeptionsphase, welche nur ein Ziel vorweisen – folgende Frage zu klären „Was machen wir, wenn das oder jenes nicht eintrifft oder scheitert?". Diese Fortführungspläne sind ein Bestandteil einer Risikobeurteilung, welche in keinem Mandat fehlen darf. Es ist von Fall zu Fall zu entscheiden, ob ein Basic Risk Assigment (BRA) oder ein Full Risk Assignment (FRA) einzusetzen ist.

Schritt 4: UMSETZUNG

Die Umsetzungsphase wird für den Interim Manager, eher eine beratende und kontrollierende Funktion zugeschrieben. Die Umsetzung selbst sollte innerhalb der Mannschaft durchgeführt werden. Der Grund hierfür liegt darin, dass die Mitarbeiter, welche im Veränderungsprozess eingebunden oder betroffen sind, ihre Umsetzung am wenigsten kritisieren, vielmehr werden sie diese Veränderungen durch ihre Mitentscheidung und Einbringung / Mitwirkung in der Konzeptionsphase, die Maßnahmen mittragen und gegen Skeptiker verteidigen. Deshalb ist die Einbindung aller Mitarbeiter in der Organisation ein wesentlicher Bestandteil am Weg zum Erfolg.

Die Rolle und Verantwortlichkeit bei diesem Schritt liegt beim Interim Manager darin, dass er wie schon weiter oben erwähnt, als Berater und zur Kontrolle zur Verfügung steht, jedoch übernimmt der Manager auf Zeit die Leitung, wenn negative Abweichungen zum Soll-Ziel sichtbar werden, oder die Abarbeitung einzufordern. Er bleibt ein „Kümmerer" und Treiber der beschlossenen Maßnahmen und deren zeitgerechten Abarbeitung.

Schritt 5: GÜLTIGKEITSCHECK & KVP (Kontinuierliche Verbesserungs- Prozess)

Auch wenn das Top Management oder Führungskräfte den Mitarbeitern vertrauen, sind Kontrollmechanismen wichtig, um die Zielvereinbarungen nicht aus den Augen zu verlieren. Eine Überprüfung wo die Umsetzung vereinbarter Maßnahmen zu bestimmten Zeitpunkten steht, verhindert in vielen Fällen das Scheitern der Veränderung. Die Hauptaufgabe der Gültigkeitschecks liegt darin, Gegenmaßnahmen bei nicht gewünschten Veränderungen entgegenzuwirken. Je länger der zeitliche Abstand der Statusüberprüfung der Maßnahmen ist, desto länger dauert es die Korrekturmaßnahmen bei negativer Veränderung umzusetzen und den gewünschten Kurs wieder einzuschlagen.

Während der Umsetzung werden in der Regel neue Potentiale sichtbar, welche ebenso in die Maßnahmenlisten aufgenommen werden sollten, um eine kontinuierliche Weiterentwicklung sicherzustellen.

Der Verbesserungsprozess endet, vor allem für den Interim Manager, nie und muss kontinuierlich und nachhaltig vorangetrieben, bzw. gefördert werden.
Die Grundlage der Vorgehensweise ist dem PDCA Kreis Methode zu Grunde gelegt, welche vor allem in der Automobilindustrie, sehr bekannt ist, beziehungsweise gelebt wird.

FRAGE 4: WELCHE KOMPETENZEN / FÄHIGKEITEN BENÖTIGT EIN INTERIM MANAGER?

Der Interim Manager benötigt mehr als nur eine Kompetenz um die meistens herausfordernden Anforderungen des Kunden erfolgreich umzusetzen.

1. Fachliche Kompetenz & Erfahrung

Eine Grundvoraussetzung für die Ausübung der Profession Interim Manager, sind sicherlich Kompetenz und Erfahrung. Der Grund liegt in der notwendigen Geschwindigkeit, Maßnahmen zur Zielerreichung professionell umzusetzen und sich in die jeweilig vorherrschende Situation einzuleben. Durch die langjährige Erfahrung in verschiedenen Branchen und Organisationen, hat der Manager auf Zeit Erfahrungen sammeln und wenn möglich gewinnbringend für das jeweilige Unternehmen mehrfach umsetzen können. Die Kompetenzen eines Interim Managers sind sicherlich nicht nur fachlicher Natur. Vielmehr sind Persönlichkeit, Umsetzungsstärke und soziale Kompetenz gefragt, wenn es um heikle, schnell zu lösende Problemstellungen geht. Von der Ausbildungsseite gesehen, bildet sich der Interim Manager nach seinem Studium kontinuierlich und nachhaltig weiter. Sei es durch Lehrgänge, Veranstaltungen oder bei jedem neuen Mandat. Diese Vielfalt an Wissen, kann der Interim Manager in jedem Mandat zu jederzeit abrufen, sollte es die Situation benötigen. Der Manager auf Zeit hat eine große Kiste, voll mit Methoden, Systemen und Standards, bei jedem Mandat mit und wendet, je nach Mandat und Situation, die richtigen Werkzeuge an, um erfolgreich das Mandat zu bestreiten.

2. Analytisches Denkvermögen

Eine wesentliche Stärke, um effektiv und effizient das jeweilige Mandat zu begleiten, ist sicherlich das analytische Denkvermögen des Interim Managers. Der Manager kennt die Organisation, in der Veränderungen gewünscht sind, nicht. Muss jedoch Situationen und Möglichkeiten analysieren und Maßnahmen in kürzester Zeit erarbeiten, beziehungsweise umsetzen. Dies ist ohne die Kompetenz des analytischen Denkvermögens nicht leistbar.

Analytisches Denkvermögen beschreibt die Fähigkeit, Probleme zu erkennen und zu lösen.

Im Wesentlichen kann das analytische Denkvermögen in folgende Punkte unterteilt werden:

- Problemerkennung / Erfassung
- Aufgliederung in Teilaspekte
- Strategien zur Problemlösung

3. Umsetzungskraft

Um in einem Mandat erfolgreich zu agieren und die mit dem Kunden vereinbarten Ergebnisse zu generieren, ist die Umsetzungskraft des jeweiligen Managers auf Zeit Voraussetzung.

Umsetzungskraft beinhaltet auch Durchsetzungskraft, jedoch nicht nur hierarchisch, vielmehr interdisziplinär und mit sozialer Kompetenz versehen. Der Interim Manager muss es schaffen, das Team „abzuholen" und zu den Ergebnissen zu begleiten, beziehungsweise zu führen. Umsetzungskraft hat nichts mit kurzfristigen „Durchpeitschen" und Exekutieren von Maßnahmen mit Druck zu tun. Die Umsetzungskraft kann vielmehr als Umsetzung von Maßnahmen ohne soziale Verluste und Reibung auf sachlicher Basis mit klarem Fokus auf das Wesentliche verstanden werden - dem Erreichen von vereinbarten Zielen.

4. Strategie & Visionsfähigkeit

Interim Manager wissen nach kurzer Zeit, wo sich die Organisation im Mandat befindet. Somit können in Abstimmung mit dem Kunden Zielvereinbarungen vereinbart werden. Durch den Erfahrungsschatz des Interim Managers ist dieser in der Lage ein „Zielbild" zu sehen wo das Mandat hinführen soll oder / und muss. Dieses Bild fehlt in den meisten Organisationen, da die Mitarbeiter langjährige Zugehörigkeiten aufweisen und daher nichts anderes kennen, als die eigene Arbeitsumgebung.

> Wie soll jemand ein Bild vom Eifelturm zeichnen, wenn er diesen noch nie gesehen hat.

Der Manager auf Zeit benötigt ein Bild beziehungsweise die Vorstellungskraft, wo das jeweilige Mandat hingeführt werden kann oder soll. Dieses Bild muss er dann, als erreichbare Vision / Ziel, an das Top Management und in die Belegschaft vermitteln können. Eine Strategie zeigt den Weg zur Zielerreichung oder zur Visionserfüllung. Eine Vision hingegen zeigt ein Idealbild des Erreichbaren auf. Ob es Ziel oder Projektvision genannt wird, hat wenig Relevanz. Die Kommunikationssprache sollte jedoch der jeweiligen Organisation angepasst werden.

5. Soziale Kompetenz

Die soziale Kompetenz bleibt in vielen Projekten eine verkümmerte Leiche mit geringerer Bedeutung in einem dunklen Keller. Einen größeren Fehler kann ein Manager auf Zeit nicht machen. Die soziale Kompetenz ist essentiell bei der Zielerreichung, denn eines steht von vorne fest:

> Ohne die Mannschaft, das Team der jeweiligen Organisation, kann der Interim Manager, außer die Schließung eines Standortes, nichts nachhaltig umsetzen.

Daher ist es wesentlich, diese Fähigkeit bei einem Manager auf Zeit vorzufinden, beziehungsweise zu hinterfragen. Ohne „Mitnahme" und „Einbeziehung" der Mitarbeiter, sind die meisten Mandate zum Scheitern verurteilt. Als ein Beispiel sei folgender Fall geschildert:

Ein Interim Manager wird in einer heiklen Situation eingesetzt und hat die Aufgabe als Werkleiter den Durchsatz zu erhöhen. Mit anderen Worten die Produktivität mit der gleichen Anzahl zu steigern. Der Interim Manager teilt die Zielvorstellung mit den direkt berichteten Führungskräften und verlangt dessen Umsetzung. Soweit, so gut. Was er jedoch vergessen hatte, war den Führungskräften mitzuteilen, wie. Noch dazu begab sich der Manager auf Zeit auf einen nahegelegenen Parkplatz und fotografierte herumstehende Mitarbeiter und notierte sich die Pausenzeiten, um diese dann den Führungskräften lautstark zu besprechen. Die Kommunikation am Shopfloor war keine Option, da der Manager den Weg in die Produktion, also zum Kernprozess nie gefunden hat.

Das ist sicherlich ein absolutes Horrorbeispiel der Durchführung eines Interim Mandates. Jedoch gibt es leider auch solche Interim Manager. Das Ergebnis war, dass die Produktivität zurück ging, da die Mitarbeiter keinerlei Motivation hatten, nicht einbezogen waren, und nicht wertgeschätzt wurden. Der Interim Manager wurde kurzfristig ausgetauscht und durch einen anderen Interim Manager ersetzt, welcher es nicht gerade leicht hatte, die verbrannte Erde wieder zu einer grünen Wiese zu verwandeln.

Wie wäre die Lösung mit sozialer Kompetenz? Die Vorgehensweise des zweiten Interim Managers war folgende:

- Vorstellung bei der gesamten Mannschaft
- Anwesenheit am Shopfloor
- Unterstützung des Teams
- Fördern und Fordern des Teams
- Einbeziehung aller Mitarbeiter
- Mit dem Team ausgearbeitete Zielvereinbarungen und Reviews
- Mitarbeitergespräche mit den direkt berichteten Führungskräften
- Regelmäßige Besprechungen am Shopfloor zur Zielerreichung
- Wertschätzung der Mitarbeiter durch Unterstützung und Hilfestellung, bzw. Nachfragen und pro aktive Kommunikation
- Transparentes Agieren
- Konsequentes Umsetzen
- etc.

Es ist sicherlich nicht einfach diese Punkte zu implementieren oder umzusetzen, jedoch ist es die Mühe wert und der Erfolg gibt den oben angeführten Punkten recht. Soziale

Kompetenz darf nie unterschätzt und schon gar nicht vernachlässigt werden, strebt die Organisation eine erfolgreiche Umsetzung an.

FRAGE 5: WELCHE ARBEITSTHEMEN BEAUFSCHLÄGT DER MANAGER AUF ZEIT IN EINEM MANDAT?

Ein Interim Manager wird oft sehr punktuell in einer Organisation eingesetzt. Jedoch vermag der Interim Manager mehr als nur ein Thema zu beaufschlagen. Es macht für den Kunden Sinn, den Interim Manager ganzheitlich einzusetzen und sein Aufgabengebiet mit seiner Erfahrung und Expertise zu betrachten. Je nach Mandatsauftrag und Ebene, in der der Manager auf Zeit eingesetzt wird, kann der Interim Manager einen Mehrwert für den Kunden generieren und Einsparungspotentiale und Prozessveränderungen anstoßen, beziehungsweise auch umsetzen.

Die folgenden Themen betreffen nicht nur produktive Unternehmen, oder spiegeln den Bereich Produktion wider. Auch ein Vertrieb, oder andere Bereiche des Unternehmens können mit den 5 Themen betrachtet werden.

DIE 5 THEMENBEREICHE SIND:

1. Arbeitssicherheit & Umwelt

Arbeitssicherheit und Umwelt betreffen das höchste Gut im Unternehmen, den Mitarbeiter, am direktesten und sollte somit die höchste Priorität und Stellenwert in der Organisation einnehmen. Nicht nur im Produktionsbereich können hier viele Verbesserungsprojekte angestoßen werden. Ebenso wie alle anderen Themen, stehen hier Kosteneinsparungen, wie die Reduzierung der Ausfallstage im Fokus, um nur ein Thema anzusprechen.

Mit Methodik und Struktur können auch im Thema Arbeitssicherheit und Umwelt vernünftige Einsparungen getroffen werden. Als Beispiel sind hier nicht nur die Reduzierung der Arbeitsunfälle und die damit verbundenen Abwesenheiten der einzelnen Mitarbeiter als Einsparungspotential erwähnt. Sondern auch für die Mülltrennung und die entsprechenden Entsorgungskosten.

2. Qualität

Qualität wird immer als Produktqualität gesehen, doch ist es viel mehr. Qualität der Arbeit, des Agierens und der Umgang mit dem Kunden und Lieferanten, stehen hier ebenso im Mittelpunkt.
Ein vertriebliches Beispiel zur Kosteneinsparung zum Thema Qualität:
Ein Kunde bestellt beim Vertriebsinnendienst ein Produkt. Der Vertriebsinnendienst gibt diese Informationen fehlerhaft in ein internes Bestellsystem ein und die Produktion fertigt das Produkt nach Vertriebsinnendienstangabe, jedoch nicht nach Kundenwunsch. Zu diesem Beispiel gibt es einige Verbesserungsansätze, jedoch ist der Auslöser eine Arbeit des Vertriebsinnendienstes, welche qualitativ nicht korrekt ausgeführt wurde. Hierdurch entstehen wiederum Kosten und gefährden das Ergebnis und die Marktposition. Der Interim Manager erkennt und analysiert diese Prozesse und Fehlereinflussmöglichkeiten und wenn vom Kunden gewünscht, können diese, vom Manager auf Zeit verändert werden. Hier helfen die Außensicht und die Erfahrung des Managers.

3. Produktivität

Im Kerngeschäft Produktion ist eine Außensicht und ein profunder Erfahrungs- und Wissenstand der Umsetzung eines Interim Managers sehr gewinnbringend. Kennt er doch aus vielen erfolgreich umgesetzten Mandaten ausreichend Möglichkeiten, um eine Verbesserung herbeizuführen. Jedoch gilt auch hier, je nach Einsatzgebiet und Ebene des Interim Managers können auch andere Bereiche zum Thema Produktion auf Einsparungspotentiale und Verbesserungen analysiert werden. Nicht nur eine Produktion produziert. Eine Vertriebsabteilung generiert Aufträge. Genau betrachtet gibt es beim Prozess kaum Unterschiede zwischen einer Produktion und einem Vertrieb. Beide Bereiche produzieren und sind in einer Prozesskette darstellbar. Im Vertrieb wird ein Auftrag aufgenommen und weiterverarbeitet. Danach in ein System eingepflegt und kalkuliert, eingesteuert und nach Auslieferung abgerechnet. Viele Prozessschritte, welche der Auftrag durchläuft, bis es zu einem „Produkt", genannt Auftrag, wird.

4. Kosten

Das Thema Kosten wird in jedem Thema beaufschlagt und findet sich in jedem Bereich wieder. Jegliches Handeln und Agieren können in Kosten dargestellt werden. Somit können diese Themen auch einer Einsparungsanalyse durch den Interim Manager mit Außensicht, welcher mit seiner Erfahrung, sehr viele Organisationen kennt oder kennenlernen durfte, unterzogen werden. Vor allem Produktkosten, Fehlerkosten, Headcountkosten, und jegliche Art von Verschwendung kann der Interim Manager aufzeigen und vermindern. Der Interim Manager kann, bildlich betrachtet, als Jäger im Prozessdschungel auf Verschwendungsjagd gesehen werden.

5. Organisationsentwicklung

Ein sensibles Thema in einer Organisation ist sicherlich die Organisationsentwicklung. Es ist nicht nur ein Personalthema, welches die Personalabteilung bemüht. Vielmehr ist es ein operatives Thema, welches zur Motivation oder Frustration der Mitarbeiter führen kann. Mitarbeiter fühlen sich oft ungerecht behandelt. Sei es durch die Entlohnung, der Position, des Aufgabengebietes und der Weiterentwicklung des jeweiligen Mitarbeiters. Hier spielen sehr viele persönliche Aspekte und Befindlichkeiten eine Rolle.
Der Interim Manager kennt und beherrscht Methoden und Systeme, um diese Themen professionell zu beaufschlagen und Lösungen auszuarbeiten. Die Umsetzung erfolgt dann gemeinsam mit den Verantwortlichen innerhalb der Organisation wie zum Beispiel der Personalabteilung.

Der Interim Manager darf nie als Gefahr in der Organisation wahrgenommen werden. Ein Interim Manager ist nur auf bestimmte Zeit ein Teil der Organisation und kann in vielen Bereichen einen Mehrwert im Unternehmen generieren. Es ist wichtig, dass es eine klare Kommunikation und die volle Unterstützung des Top Managements, vorhanden ist.

WELCHE EINSATZGEBIETE GIBT ES FÜR EINEN INTERIM MANAGER?

Für welche Themen werden Interim Mandate vergeben, welche Themen und Bereiche kann ein externer Manager übernehmen und gewinnbringend für das Unternehmen des Kunden eingesetzt werden?
Es gibt viele Einsatzmöglichkeiten für einen Manager auf Zeit. In vielen Fällen werden Führungspositionen mit einem Interim Manager besetzt. Um erfolgreich arbeiten zu können, benötigt der Interim Manager „freie Hand", also Handlungsspielraum, welcher im Vorfeld klar mit dem Auftraggeber abgestimmt wurde. Ohne die Zügel in der Hand, kann der Manager auf Zeit nur eine Nebenrolle einnehmen, beziehungsweise beratend tätig sein.

Die 5 Einsatzgebiete eines Interim Managers sind:

1. Ausfall einer Schlüsselperson

Es entscheidet jeder jeden Tag aufs Neue für oder mit wem und was er arbeiten möchte.

Somit sind Unternehmen bei Abgang eines Managers gefragt, die negative Auswirkung so gering wie möglich zu halten. Einerseits damit das tägliche Geschäft nicht in Mitleidenschaft gezogen wird und andererseits, um keine Unruhe innerhalb der Mannschaft zu entstehen zu lassen. Wenn der Manager von sich aus beschließt das Unternehmen zu verlassen, stellt sich immer die Frage, ob die Einhaltung der Kündigungsfrist Sinn macht, oder ob es besser ist den Manager sofort oder kurzfristig freizusetzen. Bei Fehlverhalten des Managers stellt sich diese Frage nicht und eine sofortige Freistellung ist unabdingbar. Hier ist der Einsatz eines sofort verfügbaren Interim Managers gerne gefragt, kann er doch die entstehende Unruhe eindämmen und die entstehende Lücke weitgehenst schließen. Er ist in den meisten Fällen nicht der Produkt Fachexperte im Unternehmen, jedoch stellt sich die Frage ob er dies auch sein muss um das tägliche Geschäft als Führungskraft weiter zu führen.

2. Change-Management

Organisationen, welche sich einem Veränderungsprozess unterziehen oder planen, sind gut beraten eine Außensicht hinzuzunehmen. In der eigenen „Suppe" werden nicht alle Potentiale erkannt und somit Möglichkeiten die Organisation weiterzuentwickeln nicht wahrgenommen. Hier hilft ein Interim Manager, welcher nicht nur durch seine langjährige und internationale Erfahrung sein Wissen mit einbringen kann. Also ein Bild vermitteln kann wie es zukünftig aussehen könnte. Er setzt auch mit dem Team die gewünschte Veränderung effizient um. In vielen Fällen ist es gut einen externen Manager zu konsultieren, da dieser unbefangen und ohne Vorgeschichte, sachlich an die Veränderung herangehen kann.

3. Vakanz Überbrückung

Die Suche nach einem geeigneten Kandidaten bei einer Nachfolgeregelung ist in vielen Fällen schwer und langwierig. Da der Anspruch des Unternehmens hoch und das gewünschte Bild des neuen Managers im Unternehmen klar für die Organisation ist, kann es mitunter länger dauern, den geeigneten Kandidaten am leergefegten Arbeitsmarkt zu finden. Um diese Zeit nicht ohne Führungskraft bestreiten zu müssen, kann ein Interim Manager Abhilfe leisten. Er übernimmt sofort die Position, oder begleitet den ausscheidenden Mitarbeiter eine Zeit lang, um dessen Aufgaben und Wissen aufzunehmen und bleibt im Unternehmen, bis ein neuer Kandidat gefunden wurde. Der Manager auf Zeit kann auch seine Erfahrung bei der Auswahl des neuen Kandidaten durch seine unabhängige Außensicht, unterstützen. Eine Vakanz Überbrückung mit einem Interim Manager ist auch wegen der täglichen Kündigung sinnvoll, da er flexibel ohne Risiko eingesetzt werden kann.

4. Restrukturierung & Sanierung

Wenn Unternehmen in Schieflage geraten sind, ist guter Rat teuer. Das Management wird vielleicht teilweise vom Eigentümer ausgetauscht und der Druck von Banken und Gläubiger wird von Tag zu Tag höher. Ein Interim Manager kann in solchen Situationen tatkräftig mit seinem langjährigen Erfahrungsschatz aktiv und vor allem operativ helfen das Unternehmen entweder zu sanieren oder es einer Restrukturierung zu zuführen. Heikle Situationen bedürfen sensibler Entscheidungen, damit das Unternehmen die einschneidenden Maßnahmen auch ohne große Verluste verkraftet und übersteht. Erfahrung mit Strategie- und Visionsfähigkeit sind nur zwei von vielen Fähigkeiten, welcher der Interim Manager in seinem Portfolio aufweist. Gilt es doch betroffene Kunden, Lieferanten und Mitarbeiter zu halten und das Unternehmen wieder auf „Spur" zu bringen. Ob Verhandlungen mit den Banken oder Gläubiger, der Einsatz eines externen Experten in Form eines Interim Mandats, stehen die meisten Gläubiger positiv gegenüber und Verhandlungen werden in der Regel sachlicher geführt.

5. Übernahme & Veräußerung

Bei einer Übernahme oder Veräußerung ist es essentiell die „richtigen Dinge zu tun und die Dinge richtig zu tun". Was so einfach klingt, kann zu massiven Auswirkungen nach der Vertragsunterzeichnung führen. Um nur ein Thema von vielen zu bemühen, welches oftmals unterschätzt wird.

Due Diligence

Due Diligence, bezeichnet eine sorgfältige Prüfung, die im Regelfall durch den Käufer veranlasst, beim Kauf von Unternehmensbeteiligungen oder Immobilien sowie bei einem Börsengang erfolgt.

Diese beinhaltet auch behördliche Anordnungen und Verordnungen, Eigentumsrechte, vertragsrelevante Vereinbarungen, und vieles mehr.

In den meisten Fällen fehlt diese Art von Erfahrung und Kompetenz im Unternehmen. Der erfahrene Interim Manager kann mit seiner Kompetenz, vor allem im operativen Bereich, aktiv und kompetent unterstützen finanzielle Schäden beim Kunden zu verhindern. Ebenso verursachen Übernahme und Verkauf, auch wenn sie noch so geheim gehalten werden, durch Gerüchte und Spekulationen, Irritationen und Unruhe innerhalb der Organisation. Hier muss pro aktiv mit sozialer Kompetenz entgegengewirkt werden, beziehungsweise im Vorfeld eine klare Strategie der Kommunikation erarbeitet werden. Es gilt hier die Ängste der Mitarbeiter entgegenzuwirken um Abgänge von Schlüsselkräften und Experten / Wissensträgern entgegen zu wirken. Der Manager auf Zeit hat durch seine Erfahrung aus diversen Mandaten, die Möglichkeit sich in diesem Thema kompetent einzubringen.

WIE RECHNET SICH EIN MANAGER AUF ZEIT?

Die Frage ob sich ein Interim Manager auch rechnet, beschäftigt die Entscheidungsträger intensiv. Sind sie doch für die Budgeteinhaltung ihres Verantwortungsbereiches verantwortlich. In vielen Fällen kommen Situationen in der Organisation zum Tragen, welche ein Interim Mandat für sinnvoll erklären würden, jedoch sind diese Kosten im Budget nicht reflektiert, beziehungsweise geplant. Somit stellt sich die Frage ob dieses Budgetrisiko getragen und verantwortet werden kann. Bei Veräußerung oder Neuerwerb eines Unternehmens können diese Kosten geplant werden. Bei Abgang eines Mitarbeiters im Management, kommt diese Situation eher ungeplant auf den Tisch der täglichen Herausforderungen. Somit stellt sich die Frage, wie ein Manager auf Zeit sich rechnen könnte.
Es gibt im Wesentlichen 5 Punkte, die für einen Einsatz eines Interim Managers sprechen.

Die 5 Punkte sind:

1. Findet Einsparungspotentiale durch Außensicht

Durch die Außensicht und die Erfahrungen, hat der Interim Manager die Möglichkeit das Unternehmen mit anderen „Augen" zu betrachten. Er ist unbefangen und weist keine Fach- beziehungsweise Unternehmensblindheit auf. Somit ist er in der Lage Einsparungspotentiale zu erkennen und wahrzunehmen, welche intern nicht mehr erkannt werden. Ebenso ist er in keinem Abhängigkeitsnetzwerk innerhalb des Systems. Er hat keine Vorgeschichte und kann somit auf sachlicher Ebene unbefangen ungenutzte Potentiale und Möglichkeiten, so wie organisatorische Fehler aufzeigen und verbessern, beziehungsweise abstellen.

2. Verbessert Prozesse durch Lean Methoden

In seinem Mandat hinterfragt der Interim Manager auch die Prozesslandkarte und zeigt Missstände und Verbesserungspotentiale auf. Gerade zum Thema Lean Management kann der Manager auf Zeit seine ganze Erfahrung aus anderen Mandaten mit einbringen und für den Kunden gewinnbringend umsetzen. Viele Unternehmen haben langjährige Mitarbeiter in ihrer Organisation, welche im Unternehmen gewachsen sind. Dies hat sicherlich Vorteile, da sie die Produkte und Abläufe sehr gut kennen. Jedoch ist das auch der Hauptgrund eines Stillstandes in der Organisation in Bezug auf Weiterentwicklung und „über den Tellerrand" zu blicken.

Wie soll jemand den Eifelturm beschreiben, wenn er diesen noch nie gesehen hat?

Der Mitarbeiter kennt sein Arbeitsumfeld wie kein zweiter, jedoch fehlt dem langjährigen Mitarbeiter vielleicht das Bild wie es verbessert aussehen könnte. Hier kann der Interim Manager aktiv unterstützen und seine ganze Erfahrung miteinfließen lassen. Im Gegensatz zum Unternehmensberater zeigt der Interim Manager nicht nur die Möglichkeiten auf, er setzt diese auch mit der Mannschat um und tritt somit den Beweis seiner Lösungsvorschläge an. Auch wenn der Begriff Lean in einigen Unternehmen schon als „Schimpfwort" bezeichnet wird, haben die Lean Methoden ihre ganz klare Berechtigung und sollten intensiv genutzt werden sich kontinuierlich und nachhaltig zu verbessern.

3. Planbare Kosten / Keine Ausfallskosten

Da der Interim Manager nur bezahlt wird, wenn dieser auch für den Kunden arbeitet, sind diese Kosten planbar. Es gibt weder Ausfallskosten durch Krankenstände oder anderen geplanten und ungeplanten Abwesenheiten, wie Urlaub, Amtswege, Besuche beim Arzt, etc. Auch müssen keine steuerlichen Aspekte betrachtet werden. Somit gibt am Ende des Monats keine Überraschungen und die Leistung des Managers auf Zeit steht im Vordergrund.

4. Sofort verfügbar / täglich kündbar

Kommt es zu einem Ausfall einer Führungskraft oder eines anderen Mitarbeiters, entsteht eine Lücke. Diese sollte so schnell wie möglich geschlossen werden. Eine Personalsuche, kann, je nach Ebene, schon ein paar Monate an Zeit kosten (in der Regel 3-6 Monate). Hier helfen die Manager Pools der Interim Provider. Diese führen ein Portfolio an Vertragspartnern, welche kurzfristig eingesetzt werden können. Es liegt dann am Provider den richtigen Kandidaten im „Pool" herauszufischen und dem Kunden vorzustellen. Gute Provider kennen ihre Manager auf Zeit persönlich und können somit gezielt auf die Bedürfnisse des Kunden mit dem geeigneten Kandidaten reflektieren. Es ist für das Mandat, jedoch auch für den Interim Provider essentiell den richtigen Manager auszuwählen und zu präsentieren, steht doch der Name und die Reputation des Providers bei jedem Mandat auf dem Prüfstand. Sollte es jedoch Umstände geben, in dem der Kunde seine Unzufriedenheit mitteilt, kann die Zusammenarbeit mit dem Interim Manager, in der Regel, täglich gekündigt werden und durch einen anderen Kandidaten ersetzt werden. Die Einarbeitungszeit eines Interim Mitarbeiters kann nicht mit der Einarbeitungszeit eines neuen regulären Mitarbeiters verglichen werden. Interim Mandate erheben den Anspruch, dass die Manager auf Zeit effizient, effektiv und kompetent ihre Arbeit beim Kunden wahrnehmen. Die sprichwörtlichen 100 Tage Einarbeitungszeit, gibt es im Interim Mandat definitiv nicht.

5. Kurzfristig günstiger als Festangestellte

Im Ersten Schritt schrecken manchen potentiellen Kunden die Kosten des Interim Managers ab. Analysiert der Kunde jedoch die Kosten, wird dieser feststellen, dass ein Interim Mandat für kurzfristige Einsätze kostenschonender ist, als bei einer Festanstellung. Es entstehen weder Werbungs- noch „Headhunter-" Kosten. Auch Abfertigungszahlungen sind beim Interim Mandat kein Thema. Lohn- und Lohnnebenkosten fallen ebenso keine an. Werden diese Kosten berücksichtigt, fällt die Entscheidung ob oder ob kein Mandat als Alternative herangezogen wird, deutlich in Richtung Mandat aus. Zusätzlich kommen, wie schon oben erwähnt, Einsparungspotentiale und Prozessverbesserungen zur Umsetzung und verändern die Kostenlandschaft eines Interim Mandats. Und jeder Tag, an dem eine Führungskraft fehlt, ist ein Tag wo ungenutzte Potentiale wahrscheinlich nicht wahrgenommen werden und das Team führungslos ist.

ENTLOHNUNG

Die Entlohnung eines Interim Managers ist ein sehr wichtiges Thema, bei der Entscheidung diese Profession auszuüben und in sehr vielen Fällen der Grund und die Rechtfertigung diesen Berufsweg einzuschlagen. Obgleich das Geld eine wesentliche Rolle spielt, sollte dies nicht die einzige Entscheidungsgrundlage sein, denn geschenkt wird einem nichts in dieser Profession.
Es gibt 2 verschiedene Arten der Bezahlung. Die Stundenverrechnung und eine Tagespauschale.
Es gibt viele „für und wider" bei der Betrachtung, jedoch ab einer gewissen Verantwortungsebene, stellt sich die Frage eigentlich nicht mehr da nur noch Tagessätze zur Anwendung kommen.
Die Frage wie hoch darf dieser Tagessatz, oder der Stundensatz sein, ist eine sehr heikle. Zu viel verlangt und der Kunde springt ab. Zu wenig verlangt und der Mandatsgeber meint „Der ist zu billig, der kann nichts".
Es ist also recht schwer die richtige Bandbreite zu treffen. Aber in der Regel, ist die Höhe der Tages- oder Stundensätze abhängig, welche Erfahrung der Interim Manager vorweisen kann und wie viel Verantwortung ihm übertragen wird. Ebenso wichtig ist wo das Mandat stattfinden wird. Reisetätigkeiten und stationäre Aufenthalte sind hier ebenso zu berücksichtigen.

Die Höhe hängt auch davon ab, um welches Unternehmen in welcher Branche es sich handelt, beziehungsweise wie groß die Not ist. Also viele Faktoren, welche berücksichtigt werden sollten.

Ein Projektleiter Mandat in einem mittelständischen Unternehmen wird um die 80 Euro pro Stunde verlangen können. Ein Werkleiter kommt auf einen Tagessatz von ca. 1000 Euro pro Tag, wobei berücksichtigt werden muss, dass Arbeitstage keine 8 Stunden beinhalten, vielmehr 10 Stunden als Standard gesehen werden. Eine Mandatsposition im C-Level, wird ab 1200 Euro bewertet.

Alle oben angeführten Angaben verstehen sich als Richtwerte und beinhalten keinen Anspruch auf die Höhe. Im Normalfall sind keine Reisespesen / Aufwendungen, wie Flug, Km Geld oder Übernachtungskosten im Tagessatz, oder im Stundensatz enthalten.

Das hört sich natürlich sehr fein an, jedoch muss klar erwähnt werden, dass, je nach Land, die Steuer recht kräftig zuschlägt.

Ebenso darf nicht unerwähnt bleiben, dass es keine Leichtigkeit ist, die ersten Aufträge übertragen zu bekommen. Hier ist sehr viel Arbeit erforderlich. Direktmandate kommen äußerst selten zu Stande und der Weg über einen Provider / Vermittler, wird nicht ausbleiben.

WIE ERHALTE ICH MANDATE?

Mandate zu erhalten ist ein sehr umkämpfter Bereich und die Interim Gesellschaft eigentlich sehr überschaubar. Es gibt ca. 80.000 Interim Manager im deutschsprachigen Raum. Das klingt viel, jedoch sind hier sehr viele Unternehmensberater, welche die Zahl sehr nach oben treiben, inkludiert.
Und dann sind nicht alle Interim Manager, zum Beispiel, im Bereich Produktion oder Finanzen tätig. Somit wird die Anzahl immer geringer, welche zu gewissen Themen zur Verfügung stehen. Somit kennen sich die einzelnen Provider die Kandidaten und tauschen sich auch teilweise aus. Dies hat Vor- und Nachteile, denn wenn der Interim Manager Fehler produziert, oder aus einem Mandat „fliegt", wird beim ersten Mal nicht viel passieren, jedoch beim zweiten oder sogar beim dritten Mal, wird es eher eng, da der Provider seine Reputation gefährdet und somit eher einen anderen Manager vermittelt und die „heiße" Kartoffel eher fallen lassen wird.

Performance ist alles!

Welchen Provider der einzelne Manager auswählt bleibt ihm selbst überlassen, sofern dieser auch gewillt ist, den neuen Manager in sein Portfolio aufzunehmen.

In den meisten Fällen gibt es einen Aufnahmeprozess, welcher hier zur Anwendung kommt. Doch es gibt auch bei den Providern eine große Bandbreite an Qualität.

Einige Provider wollen die Manager nur verkaufen und kennen diese nur zum Teil, andere wollen den Kandidaten richtig, also persönlich, kennen lernen und gestalten den mehrstufigen Aufnahmeprozess in den Interim Pool, aufwendig und wie ein Einstellungsgespräch oder ein Assessment ab.

Die Wahl liegt dann auf beiden Seiten, jedoch wird empfohlen, mehrere Provider aufzusuchen und sich registrieren / aufnehmen zu lassen.

Interim Manager Provider können bei Google & Co. sehr leicht gefunden werden.

NOTIZEN

ABKÜRZUNGEN / LEGENDE:

BPD	Business Plan Deployment
EDMI	Entscheidung, Durchführung, Mitwirkung, Information
FTQ	First Time Quality
GAE	Gesamt Anlagen Effizienz
HR	Human Ressources
IT	Information Technoligy
KPI	Key Performance Indicator
KVP	Kontinuierlicher Verbesserungs- Prozess
ME	Manufacturing Engineering
NA	Not Available
PDCA	Plan Do Check Act
PKB	Problem Kommunikations- Blatt
QM	Qualitäts- Management
RASI	Responsible Action Support Information
TIC	Team Info Center
TPM	Total Productive Maintenance
Shopfloor	Arbeitsbereich in der Produktion

Weitere Publikationen

5 Regeln der Produktion
ISBN 978-3-8482-2634-4

Kommunikation in der Produktion
ISBN 978-3-8482-5126-1

Rollen & Verantwortlichkeiten in der Produktion
ISBN 978-3-7322-5290-9

5 rules of production
ISBN 978-3-7357-3675-8

Communication in the production
ISBN 978-3-7347-2963-8

Das Werker Entwicklungs- Programm „WEP"
ISBN 978-3-7494-8058-6

Potentiale Nutzen! Raus aus der Komfortzone!
ISBN 978-3-7526-4019-9

Interim Management für Anfänger